JN411249

저 빗줄기처럼

심지시선 037

저 빗줄기처럼

2018년 2월 26일 초판 1쇄 발행

지은이 최천호
펴낸이 윤영진
편 집 함순례
디자인 한천규
펴낸곳 도서출판 심지
등록 제253호
주소 34623 대전광역시 동구 대전로 867번길 46
전화 042 635 9942
팩스 042 635 9941
전자우편 simji42@hanmail.net

ISBN 978-89-6627-155-9 03810

심지시선 037

저 빗줄기처럼

최천호 시집

심지

□ 시인의 말

소나기처럼 사라져버린
나의 여름날을 후회하며 사는 것처럼
또 하나 후회할 일을 만들었습니다.

자식들의 허기를 채우기 위하여
평생을 허리 굽혀 일하시던 어머니,
여름날 나무 그늘 아래서
멋진 소리로 창唱을 하시던 젊은 나의 아버지,
겨울의 긴 밤을 홀로 지새우며 흰 파도로
울고 있을 고향의 바다에게,

늘 부족한 저를 격려하고
기억하는 이들에게 감사드리며,

2018년 봄

최천호

차례

제2부 가을 길을 서성거리며

제3부 그리움이 가득한 아침

제4부 가슴으로 전해지는 온기

제1부
지나간 바람의 이야기

유월

나의 유월은
준비 없이 찾아와
서툴기만 하던 첫사랑 같았는데

너는 주어진 시간이
마냥 머물러 있지 않음을 알아
높게 서 있는 산과 길게 누운 계곡을
빈틈없이 채우는 총명과
뜨거운 열정으로 쉬지 않고
달려가는 젊음을 본다

저 빗줄기처럼

세상을 씻어내는
두 손바닥으로
지친 영혼을 위하여
흐르는 눈물이 되고
낮은 곳에 스며들어
새 생명으로 태어났으면 좋겠다

슬퍼하는 이와 함께
울어 보기도 하고
마음속에 빗장을 걸어놓고
살아가는 이의 가슴을 두들겨
울려 보기도 하고
눈물을 잃은 이의 손을 꼭 잡고
천천히 걷는 강물이 되어
노래를 불러 주었으면 좋겠다

어두움을 헤치고
불빛이 새어 나오는

창밖에 서서
저기 쏟아지는 빗줄기처럼
누군가를 대신하여
울어 줄 수 있다면 좋겠다

지나간 바람의 이야기

이른 아침에 멈춰 선 강물을 깨우고
물속에 잠든 산들을 흩으며 걷는 바람

어두운 숲속에 숨어 낮잠을 즐기다
발소리에 놀라 애꿎은 나뭇잎을 흔들고 있는 바람

여름날 오후 소나기가 지나간 자리에 서서
붉게 지는 해를 기다리고 서 있는 바람

철 지난여름 바닷가의 텅 빈 모래밭
소란했던 발자국들을 지우고 있는 바람

나뭇잎의 싹을 틔우고
그 나뭇잎에 붉은 칠을 하며 뒤돌아서서 우는 바람

손을 잡고 걷는 젊은 연인의 뒤를 따르며
아주 오랜 시간을 천천히 걷고 싶어 하는 바람
〉

지난 세월처럼 뒤돌아 오지 아니하고
흩어져 사라지는 아련하기만 한 바람

멀리 가버린 세월을 그리워하여
스쳐 가는 것들이 소중하다며 웃고 있는 바람

추수를 끝낸 보리밭 언덕을
굳은살 박인 빈손으로 넘고 있는 바람

소낙비

거침없이 달려와
속내를 숨기지 않고
심장을 두드리는
솔직하고 시원함이
사랑스럽기만 하다

도시가 깨끗해진
늦은 오후에는
오고가는 이들에게
마냥 말을 건네고 싶다

순천만의 여름 갈대

지난겨울 몸을 낮추며
서걱거리던
울음을 잊어버리고
무리를 지어
한 걸음도 물러서지 않은 채
하늘을 찌르듯이
꼿꼿하다

소록도

멀지 않은 육지에서
불어오는 바람으로
숨을 몰아쉬던
등 굽은 소나무는
간장肝腸이 끊어지는
눈물을 흘리면서
밤마다 열 손가락으로
제 거죽을 쥐어뜯어
지나온 세월만큼이나
깊게 파였는데

오늘도
고향으로 달려가는
저녁하늘은
누이의 눈동자처럼
곱기도 하다

아카시아

버려진 땅에서
잊힌 듯 살아오더니
진한 향과 수줍은 춤으로
너희 존재를 알리고 있구나

나의 인생의 봄날에도
너처럼 꽃을 피우고
향기로움이 있었을 것인데

꽃이 지면
봄날도 가겠지만
오늘 너의 향이 행복이다

여름날의 이야기

검은 산으로 스며드는 이 길을
누가 처음 걸어갔을까

한낮의 태양아래 서 있는 이 나무는
무슨 이야기를 하는 것일까

어디서 오는지도 모르는 이 바람은
저 높은 산을 어떻게 넘어 나에게까지 왔을까

매일 다른 모습으로 서산을 넘는 붉은 해는
무슨 이야기들을 풀어 놓고 가는 것일까

늦은 저녁 엄마의 손을 잡은 저 아이의 앞길에는
누가 기다리고 있을까

급하게 흘러간 냇물 같은 나의 여름날엔
무슨 흔적들이 남아 있는 것일까
〉

소나기처럼 급하게 사라져버린 나의 여름날을
누군가 기억이나 하는 것일까

어둠이 내려앉는 늦은 저녁 시원한 바람은
내 등 뒤에 머물러 있네

아들에게

손을 잡고
네 걸음에 맞춰
걸었었는데

이제는 뒤에 서서
너를 본다

빨리 가려 하지 말고
바르게 가거라
힘들 때도
어깨를 펴거라
갈 길이 머니
서둘지도 말라

이제는 뒤에 서서
너를 본다

장맛비가 내리는 오후

분주하던 도시가
우산 하나 받쳐 들지 못해
젖은 몸으로는
갈 곳이 없다 하고
아이들도 숨어버렸으니
별을 보기는 어려울 것 같다

나뭇잎 위에 쏟아져 내리는
빗방울의 울음소리를
달래 줄 이 아무도 없고
어두워지는 방 안에
그리움은 가득한데
편지 한 장 쓸 곳이 없다

하늘

나에게 지극하신 당신만큼
사랑하지 못하고 살아갑니다

겨울에는 먼 남쪽에 계시어
바람만 심란하게 달음질하고
벌거벗은 나무들이 소리 내어 울고 있으니
서글프다는 생각을 했었습니다

서쪽 하늘을 붉게 물들일 때는
우리 삶의 마지막 날을
생각하게 하는 듯
오랫동안 숙연한 침묵에 빠져들게 합니다

적당한 거리에서 바라보시던 당신이
한걸음 가까이 오시어 내려 보시니
나는 도저히 견딜 수 없습니다
팔월, 긴 하루를 밝히는
당신의 두 눈이 두려워

고개를 숙여 외면하고
이리저리 그늘만 찾아다니며
불꽃으로 타오르는 당신을 피해
아담처럼 숲속으로 숨어듭니다

나에게 지극한 당신을
사랑하지 못하면서
팔월의 태양이
살갗을 찌르듯이 뜨겁다고
탓만 하고 있습니다

여름의 끝날

청청하던 네 앞에서
나는 한없이 나약하여
얼굴을 숙인 채로
손바닥만 한 그늘에도
위로를 받았고
거침없는 당당함에
한마디 답변도 못하고
비켜가는 미풍에
도움을 구했었다

달려들어 안기고 싶은
파란 하늘을 남기고
사라져 간 태풍처럼
너의 시간이 다한 오늘
지나간 여름을 생각하니
아쉬움이 가득하다

찔레꽃

흰 저고리에
검정치마
보름달 보다
더 하얀
누이같이
수줍게 웃던 얼굴

맑은 하늘에
보리밭은 푸르고
배고픈 발걸음으로
산모퉁이 돌아갈 때
차진 흰 쌀밥 같은
향기 짙은 고운 밤

들꽃에게

소나기가 지나가니
너의 얼굴 빛이 나는구나

나의 삶이 더 소중하다고
말 한 적이 있더냐
아무것도 줄 것이 없는데
너는 활짝 웃었다

오늘같이
볕이 뜨거운 날에는
보잘것없는 삶들의 소중함을
너를 보며 배우고 있다

말복

높게 솟은 산은
깊은 계곡에서
몸을 식히고
가볍게 하늘을 날던
새들도 몸을 숨겼다

아침 안개처럼
촉촉한 이야기들을
숨기고 있는 저 골짜기는
누가 살고 있을까

팔월의 태양 아래
검은 그림자로 서 있는
붉은 소나무는
길 떠나는 세월에
허리가 굽었고
재를 넘는 바람은
거친 숨을 토하고 있다

제2부
가을 길을 서성거리며

주전 계곡에서

사랑하지 않고는 견딜 수 없는
고운 빛깔들로 내려와 누워 있다
이른 봄부터 하늘을 바라보며
살아온 세월을 끝맺는 시간에도
아름답게 하늘을 본다

여름에는 소나기로
견뎌낼 수 있었는데
하늘을 바라보지 않고는
살 수 없는 운명이기에
이제는 누워야 할 시간이다

나는 이 가을을 사랑하여
깊은 계곡으로 내려가
나의 가을이
이 고운 빛깔들처럼
아름다워지기를 소망하며
조용히 하늘을 본다

가을에 부르는 노래

지나간 세월을
하나 둘 세어봅니다
매서운 겨울에는
고요한 흰 눈이 따뜻하게 품어
봄으로 일어서게 하였습니다

젊은 날
하늘을 찌르는 자신감이
치열한 경쟁에 내몰았을 때
가지를 찢겨 내던 폭풍우는
겸손을 남기고 떠났습니다

가을은 낮은 소리로 노래를 부르며
산에서부터 내려오고
시간은 멈춰 서서 볕을 쪼이다
나뭇잎을 통과하며 선명한 빛을 내고
서둘러 길을 갑니다

쓸쓸함이 배어나는
어깨를 가진 남자는 다가서는 가을을
오랫동안 사랑할 것 같습니다
붉게 지는 해를 바라보며
눈물을 흘리고 서 있겠습니다

천불동 계곡

얼마나 더 절망해야
너처럼 몸을 낮출 수 있고
얼마나 마음을 닦아야
부드럽게 흘러갈 수 있느냐
막아서는 것을 품에 안고
아무 일 없다는 듯
부드럽게 다가서는 너는
초저녁부터,
더디 오는 새벽까지
무릎으로 엎디어
가슴을 다 파헤치고
투명한 속살을 드러내어
울음으로 아침을 맞는
사랑하고 싶은 얼굴이다

쉰아홉

계곡으로 내달리다
붉은색을 칠하고 부서지는 가을볕

어디서부터 시작했는지
어디로 가고 있는지 알 수도 없고
알 필요도 없을 것 같은 강물을 따라
봄부터 여름 내내 일어서서
무언가를 기다리다 지쳐 머리를 숙인
억새 숲을 지나가며 저녁으로 눕는 가을볕

달음질하는 가로수
누군가 울거나 웃거나
가야만 하는 길에 서서
쉰아홉 번째 가을볕은
한 뼘씩 짧아져 가고 있지만
그래도 아름답기만 하다

이순耳順

어릴 적 뛰놀던 언덕에 오르니
총명하던 아이들은 간 곳이 없고
쓸쓸하게 긴 그림자만 홀로 서 있네
황혼은 내 마음을 붉게 태우는데
새들은 집을 찾아 하늘을 날아가네

가을 길을 서성거리며

가슴을 비운 하늘
별이 따사롭기만 하다

빈자리 남겨두고
떠날 채비를 마쳤으니
억새 사이로 산을 오르는
오솔길이 더욱 외롭다

비움이 채움을
만든다는 그 이치를
왜 알지 못하고 살아왔을까

제 몸을 자랑하다
스러져가는 코스모스가
사는 것은 사랑하는 것이라며
말을 걸어오고 있다

목회자의 길

산모퉁이를 돌아
숲으로 숨어드는 이 길을
누가 처음 걸어갔을까

여기 머무는 깊은 외로움은
누구에게 배운 것이어서
저 끝까지 홀로 걷기만 하네

탐욕스런 여름이 기운을 다했으니
화려하지 않은 이 길가에도
조용히 열매들이 맺히겠지

태양은 뜨겁고 갈 길은 먼데
무더위를 이겨내고 곧게 서 있는
사랑스런 꽃들이 나를 반기네

회갑

넓은 들을 휘돌며
맑은 물이 흐르던 냇가에
미루나무처럼 아파트가 들어섰는데
도시의 삶이 서툴러
저녁마다 붉게 지는 노을을 바라보는
주름져 낯선 얼굴을 가진 노인이
쓸쓸하게 가을바람이 부는
사거리 모퉁이에 서서
거리에 무리 짓는 멋지고 예쁜 아이들,
한 아름 가득 젊음을 품은 저 아이들을
한없이 부러운 눈으로 보고 있다

또 다른 감사

봄부터 여린 꽃들을 피워내고
자동차매연 들이마시며
맑은 산소를 내어주다
낙엽이 쓸고 가는 쓸쓸한 도시 가운데
지친 듯이 서 있는 크고 작은 나무들에게,

어디에서 그런 일이 일어나는지
관심도 없고
아무런 감동도 없이 살아가는
나의 몸을 덥혀주기 위하여
동그란 두 눈을 부릅뜨고 버둥거리며
작은 가슴의 엷은 털을 다 뽑히고도
하루를 살아가야 하는 거위와 오리들에게,

나의 작은 기억 속에서
잊혀가는 이들에게,

한 달에 한번

만 원으로 값을 냈다며
문을 나선
허름한 이발소 주인에게도

매일,
아침으로 찾아오는
나의 남은 날들에 두 손을 모으고,

이 가을이 다 가기 전에 감사

초가을

하늘은 높아지고
바람이 시원하니
지난여름의 기억을 지우네

고통은 잠깐이라며
그대가 앞서 길을 나서니
일어서서 함께 걷네

그대의 투명한 눈동자를
사랑하지 않고는 견딜 수 없어
나의 심장은 뛰고 있네

통영에서의 아침

어둠으로 내렸던 커튼을 올리니
홍조 띤 얼굴이 곱기도 하다
잠에서 덜 깬 바람은 아직도 까칠한데
긴 줄을 긋는 배는 무심하기만 하다

찬바람을 맞으며 피어난 동백은
가버린 날들을 밤새워 세어보다
지친 기다림에 몸을 웅크리고
붉게 맺힌 눈물만 떨구고 있다

봄은 먼 길을 달려왔건만
청춘은 말이 없이 떠나갈 것이고
작별 인사도 없이 돌아갈 사람은
침묵이 긴 통영에서 아침을 맞는다

오솔길을 걸으며

돌아갈 수 있다고
생각하며 살아왔다
이렇게 오랫동안 걸어오면서
다시 갈 수 있다고 믿었었다

뒤를 돌아보니
기억은 까마득히 먼데
이렇게 오랫동안 걸어온 뒤에야
돌아갈 수 없다는 것을 알게 되었다

무엇에 마음을 두고 살아
한 송이 꽃을 피우기 위한
이 숲의 수고함을 품지 못하고
곧게 서서 비바람을 이긴
저 나무의 굳은 의지를
가져보지 못했을까

무엇에 마음을 두고

돌아갈 수 없는 이 길을
이렇게 오랫동안 걸어왔을까

단양에 사람들은

한강물이 서해의 넓은 품에 눕는
강 끝에 사는 사람들은
단양이라는 작은 읍내가
태백의 검룡소에서 솟구쳐 나와
영월과 영춘을 지나온 동강의 고운 물이
밤을 새우며 도담삼봉의 전설을 듣다가
게으른 아침에 기지개를 펴고
몸을 길게 늘이다
쉬어가는 곳이라는 것을,

동쪽에 버티고 서서
한 번도 속내를 내보이지 않은
소백산을 닮아서인지
슬픔도 즐거움도 넘치지 않아
변덕스럽지 않다는 것을
모르는 이들이 많을 게다

강 끝 새로운 도시에

조상들이 묻혀있던 뒷산을
갈비뼈가 드러나도록 깊게 파내어 보내고
도시 사람들이 아침저녁으로 씻고 또 씻어
뽀얀 얼굴과 찰랑거리는 머릿결로
검은 커피를 홀짝이도록
날마다 숨겨놓은 이야기들을
맑은 강물과 함께 흘러 보낸 다는 것을,

강 끝의 도시에서 일어나는 수많은 일에도
가벼이 화를 내거나 박수를 치지 않는
흐트러짐 없이 자리를 지키는 소백산 같기도 하고
깊은 계곡으로 흘러드는 맑은 물 같기도 하며
전설을 안고 안개 바람을 일으키다 쉬어가는
속을 들여다 볼 수 없는 강물 같기도 하다는 것을
저 아래 강 끝에 사는 도시 사람들은
단양에 살고 있는 사람들을 모르는 이가 많을 게다

우암산

여름과 겨울,
가을을 보내고
봄을 맞이하며
억만년을 엎드려
사랑을 해야 하는
그 많은 이유를 되새기면서
하늘에서 내려와
심장을 데우는 빛과
달려와 스며드는 시원한 빗물
온몸을 감싸 안는 바람에 호흡하고
품에서 태어나고
삶을 마감하는 생명들에게
한쪽 가슴을 내어 주고 있다

제3부
그리움이 가득한 아침

선달 그믐밤의 풍경

녹슨 함석지붕을 휘감고 돌다
울음을 터트린 바람이
방안에 들어와 몸을 녹이고
심지를 돋운 등잔불은
끄름을 뽑아 올리며 밤을 밝히는데
머리를 깎은 막내는 흰 이마를 내놓고
숨소리도 깊이 잠들었다

온종일 부엌에서
불을 지피시던 어머니는
자신의 속내와 같이
근심 가득한 장롱 속을 정리하고
아버지도 모로 누워 몸을 뒤척이는데
된바람만 회초리를 휘두르듯
휙휙 거리며 방문을 두드리고
기다리는 사람의 발걸음 소리가 들리지 않는
선달 그믐밤은 더디게 걷고 있다

임종

시집가던 날
처음 분칠한
얼굴처럼 곱기만 하다

따스한 봄바람에
흰 종아리로 보이며
꽃길을 내달리던
소녀의 모습으로
먼 길을 떠나시고 있다

이제야 어린 아들의
먹을거리 걱정을
다 놓으셨나 보다
아무런 감정이 없이
편안히 잠이 든 모습에
슬픔은 나의 어깨를
무겁게 누르는데,
울며 매달리는

자식의 손을 놓으시는
나의 어머니

들국화

모퉁이 돌아
산을 오르는 오솔길에
제멋대로 피어난 들국화는
곱게 차려입으신 어머니 같기도 하고
나뭇잎이 떨어져 오솔길에 쌓이고
또 쌓이던 날에는 먼 길 떠나신 어머니의
뒷모습 같기도 하다

장롱 속에 고이 숨겨져 있던
빛이 바랜 어머니의 모시적삼같이
서글픈 빛으로 서 있는 들국화에게서
어머니 냄새가 난다

빈방

어머니는
나뭇잎을 붉게 물들이지 못한 채
고단한 몸을 뉘었던 방문을
소리 없이 닫으시고
해가 지는 서쪽으로 길을 떠나셨다

기차가 달려가는 길가의 논들은
봄과 여름 동안 몸을 채우더니
바람 소리도 없이 빈자리를 남겼다

채우고 채워도 모자라는 세월,
언젠가는 비워주어야 할 아픔
어머니의 빈방은 눈물이 가득하다

그리움이 가득한 아침

꿈속에서야 가본 고향 집,
처마 밑에 누렁이는 깊이 잠들고
마당 가득한 가을볕에
붉은 고추 몸을 말리는데
안방 문은 굳게 닫혀
아버지는 기척이 없네

떠나간 그대에게

난 그대에게,
아무것도 바라는 것이 없어

다만,
행복하게 살아가기를 기도합니다

가끔,
생각이 나거들랑
이곳에도 행복이 머물기를
기도해주세요

해가 바뀔 때,
한 번은 소식을 주세요
행복하게 살고 있다고

그러면 여기도 행복할 것입니다

미원 장날 풍경

여름은 기운을 다하고
높아진 하늘은 넓은 가슴에
장난치듯 구름을 흩어놓고
환하게 웃는 미원 장날,
가을볕처럼 윤기 나는 붉은 고추는
바짝 마른 가슴을 부둥켜안고
어느 도시로 팔려갈까 근심 중이다

추석 때 다녀간 자식들의 이야기를
지갑 속에 가득 숨겨놓은 어머니들은
살 것도 없고 구경거리도 없어
자신들처럼 늙고 초라해진 장터에 서서
산 너머로 시집간 어릴 적 친구와
서울에 사는 손자들의 이야기에
하루 종일 점심도 거르고
도시에서 달려와 길을 막고 서 있는
번쩍거리는 자동차 사이에서
오후 늦게야 도착하는 버스를 기다리고 있다

〉

하늘은 여전히
한없이 넓은 앞치마에
하얀 구름을 펼쳐놓고
아! 오늘 하늘이 참 곱다고
미소 짓는 어머니들에게
푹푹 퍼서 안겨주고 있다

임한리 노송老松

가뭄이 길어
더 휘어진 등허리와 갈라진 거죽을
손바닥으로 가리고 서 있는데
천년을 오고 가던 바람은 무심하기만 하다

따뜻한 가슴을 가지신 아버지는
거칠어진 두 손으로
세상을 붙들고 사셨는데
이제는 그 기억조차 희미하다

주름이 깊어진 노송은
올해도 피어나는 꽃가루를
바람에 날려 보냈는데
아무도 기억하는 이 없다고 한다

여름이 지나가고
겨울이 지나갈 때까지
이 자리에 서 있을 게다

나는 바람이다

바다 건너와
두 손 모아 목례하는
수수밭을 붉게 물들이고
산을 넘는 갈바람이었다

동지선달
날카롭게 날이 선 함석지붕 끝에
벌거벗은 가슴을 베이고
밤을 새며 울자던 북풍이
늦은 새벽에 잠들어
고요하게 맞이하던 아침을 잊지 못한다

종다리가 노래하고
벚꽃잎이 눈처럼 날리던 날
꼿꼿해지는 보리밭 사이를
손을 잡고 거닐던 바람이었다

복수초

고향의 외진 계곡에서
숨어 피던 그 여린 복수초는
따듯한 봄볕에 엷은 치마를 입고
찰랑거리는 단발머리로
언덕을 오르던 소녀처럼
올해도 환하게 피어 있으리라

내가 고향을 떠난 이후로는
아무도 찾는 이가 없어
꽃을 피우기 전부터
기다림이 가득한 얼굴로
새벽부터 수줍게 피어 있으리라

그 노란 꽃이
외진 계곡 어느 바위 아래에서
아주 오래전 고향을 떠나
어른이 되고 주름진 얼굴을 가진
나를 기다리고 있음을 알면서도

이 봄이 다 가고 해를 넘기면서
서로가 그리움만 가득 담은 채
화창한 봄을 보내고
다시 봄이 오기를 기다리고만 있는 것이다

봄날의 산행

계곡이 깊을수록
나무들의 자태는 더 꼿꼿하여
겨울 동안에도 흐트러짐 없이
자리를 지켰다

그들은 곁에 있는
죽음을 두려워하지 않았다

불어오는 바람은 촉촉하기만 하고
바위 아래 상수리 열매는
온몸 드러낸 채 싹을 틔우고 있다

봄꽃

화려한 춤을 추는
이 꽃이 지면
봄날은 가는 거다

내 인생의 봄날에는
이 꽃들처럼 춤을
한 번이나 추어보았다더냐

너의 향에 취하니
오늘이 행복이다

서울역

가슴에
다 쓸어 담지도 못한 이야기들을
남겨두고
홀로 이별을 하고 있다

이 늦은 밤에
홀로 이별을 하고 있다

송계 계곡을 지나며

뒤를 돌아다보며
아무런 말없이
계곡으로 숨어드는 저 길 끝에는
그리움을 가득 담은
사람들이 살고 있을 것이다

여름이면
반딧불을 켜고 밤을 지새우다
산 너머에서 오는 허연빛을 맞이하고,
사락사락 내리던 눈이
두텁게 세상을 덮었을 때
새들을 깨우며 길을 내고,
낙엽이 지는 날에는
옷깃을 여미어 기도하는 사람,
흐르는 물처럼 자신을 떠나보내는
진달래 빛 가슴을 가진
사람들이 살고 있을 것이다

어머니

열여덟에 시집온 어머니는
이듬해 어미가 되었다
진달래가 피기 전 징용에 끌려간 어린 신랑은
첫눈이 내리도록 들려오는 소식 하나 없다

집 뒷산은 속살까지 파먹은 민둥산이 되어
반나절 길 깊은 산 등허리에 올라
억새 한 단 무뎌진 낫으로 베어 머리에 이고
젖먹이 아들에게 달려가는 어린 어머니

겨울이 깊어 하얀 눈은 하염없이 내려오고
누렇게 바랜 창호지 문 사이로 스며드는 두려움
앞날의 운명이 힘 있는 자의 손에 있어
아들의 미래를 준비할 수 없는 어린 어머니

어미의 숨길이 닿지 못하는 먼 곳에서
아들의 운명을 결정지으려 웃는 이들의 모습
동짓달 밤은 깊고 아들의 숨소리는 곱기만 한데

아직도 멀리 있는 새벽은 그 걸음이 더디기만 하다

지렁이가 우는 밤길

밤은 깊어 가는데
어둡고 축축한 곳에서
울음으로만 존재하고 있으니
마음이 서글프다

해가 기우는 여름날에
아버지는 널따란 논에서
허연 등만 보인 채
백로처럼 엎드려 있고
사람들은 미련스럽다 하였다

낮은 세상에서
소리 내어 울지도 못하신 아버지가
짧은 여름밤을 새우고 계시다

봄에 피는 꽃

어머니가
어린 배를 채워주기 위해
허리 굽혀 씨앗을 심던
고단한 봄날은 다시 오고,
이른 아침부터 차가운 바람은
꽃이 된 어머니의
가냘픈 몸을 흔들고 있다

제4부
가슴으로 전해지는 온기

숲으로 난 길

옷을 벗은 나무들은
금식 중이다
어머니 자궁 속에서
처음 뛰기 시작한 심장처럼
호흡을 배우고 있다

바람이 멈추어 버린
저 숲의 끝은
무엇이 기다리고 있을까
거친 숨 몰아쉬며
쉬지 않고 걸어온 이 길,

가슴으로 전해지는 온기

지하철 손잡이에서
거리로 나선 낯선 이의
심장을 만질 수 있었다

이른 아침 두 발 모은 채
사랑하지 않고는
살아갈 수 없는 젊은이의
온기를 만질 수 있었다

아버지는
어둠이 물러서지 않던
차가운 새벽부터
군불을 지피시어
아침을 덥히셨다

누군가 이 자리에서
나의 따뜻한 심장을
느낄 수 있기를 바라면서

두 개의 손바닥에 힘을 주어본다

한계령

차갑고 무거운 겨울이
너를 덮고 있을 것이니
푸르고 젊은 그 시절은 다시 오지 않고
날카로운 바람만이
쓸쓸한 너의 가슴 외면하고
동해로 내달리고 있을 것이니

우리는 짧았던 봄을 그리워하고
겨울은 늘 곁에 서 있었다

뒤를 돌아보며
도시로 간 젊은이는
겨울이 다 가도록 찾지 않고
검게 난 신작로는 산 아래로 내달리다
속내를 보이지 않으려
산모퉁이를 돌아 깊은 계곡으로 숨어들고 있다

이 겨울에는 너를 볼 자신이 없어

남쪽의 봄이 다시 찾아올 때까지
네 모습 그려보고만 있는 것이다

겨울 골목길

낡은 집들이 촘촘하게 들어선 시골 읍내
비탈진 골목길이 허리 굽은 노인처럼
느린 걸음으로 숨을 몰아쉬며 걷고 있다

세월 앞에 초라해져
색지를 덧바른 작은 창문 사이로
어제와 별다를 것이 없고 새로울 것도 없는
노인들의 웃음소리가 새어 나와 흩어지고
그 얇은 벽 사이 북쪽을 향한 좁은 골목길은
초겨울부터 꽁꽁 언 맨몸으로 누워있다

경포에서

너에게 찾아와서
쓸쓸한 가슴
내보이는 것은
끝에 서 있다고
생각하기 때문이다

위로해줄 이 없이
차가운 바람만
지나쳐 내달리는
날카롭게 날이 선,
이 끝

밤을 새우며 눈이 내린 아침

고요한 아침이 아름다워
발자국이 조심스럽고
신부를 맞이하듯 가슴이 뛴다

어디론가 달려가
숨겨두었던 첫사랑의
가슴을 내보이고 싶고
허옇게 불 밝히며
감싸 오는 빛에
사랑을 하지 않고는
견딜 수 없다

백향목

청청한 곧음과
흰색의 순결함,
그윽한 향기를
솔로몬이 탐하여
부귀와 영광을
떨치고자 하였다

겹겹이 두터워진 허세
분수를 모른 교만이
재앙을 불렀으니
골고다에 올라서서
꺾어지고 부서져야 하리라

무덤 앞에서

바람 한 점 만들지 못하는
주름 깊은 소나무 아래
허물어져 가는 무덤은
해가 산을 넘도록 말 한마디 없다

오늘 밤은
어머니 무명치마 같은
흰 눈이 푹푹 내려
온천지를 덮었으면 좋겠다

봄날이 되면 이곳에도
여기저기
할미꽃이 필 것인데

이름들의 이야기

언년 간난 옥난 아지 이쁜 필례 기향
순자 미자 애숙 영자 구남 오남 월득
은숙 현숙 영숙 해숙 영난 미숙 오남
은희 영희 순희 광순 명희 경희 병예
지은 지민 영은 아영 예진 민영 은영
은지 혜지 민지 아라 유라 유리 혜리
하영 예은 예림 하음 예음 예일 이엘

가슴 아픈 어머니
아름다운 누이들
가슴을 설레게 하던 소녀들
눈부신 딸들
사랑스러운 손녀들

새해 기도

꿈을 품게 하소서
마음에 병을 가진 이들이
무지개를 보듯이
희망에 차게 하소서

크게 웃게 하소서
지친 어깨를 가진 이들이
어린아이처럼
목젖을 보이며 웃게 하소서

눈물을 흘리게 하소서
단절의 삶을 사는 이들이
촉촉한 가슴으로
감동의 눈물을 흘리게 하소서

함성을 지르게 하소서
어린이와 어른, 젊은이와 노인들이
거리로 쏟아져 나와 목에 힘을 주어

기쁨의 소리를 외치게 하소서

손을 잡게 하소서
동과 서, 남과 북의 사람들이
가슴을 열어젖히고
따뜻한 손을 마주 잡게 하소서

살아나게 하소서
모두가 살아나게 하소서
새해에는
그렇게 되게 하소서

무제

물은 빠르게 흐를수록
계곡을 맑게 하고
산은 높이 올라야
먼 곳을 볼 수 있네

얼굴을 가까이 해야
주름이 보이고
뒷모습을 보아야
쓸쓸함을 알 수 있네

사순절

도시는 불을 밝히고
밤을 새며 말들을 쏟아내지만
겨우내 침묵한 저 산은
입춘을 지난 아침에도 말이 없다

미세먼지처럼 세상을 덮은
사람들의 언어를 빗자루로 쓸어
가슴에 담은 저 깊은 산은
아버지처럼 종일 침묵하신다

얼마를 더 살아야
저 산처럼 침묵할 수 있으며
얼마를 더 살아야
아버지를 닮을 수 있을까

아름다운 것들

무겁게 내려앉은 이슬과
그 맑음을 쓸고 가는 촉촉한 바람

기억할 수도 없고 알 수 없는
사랑의 슬픔처럼 쏟아져
가슴팍에 꽂히는 총총한 별들

보이지 않는 낮의 해와
새색시처럼 환한 얼굴을 내민 반달

젊은 엄마의 젖내 나는 가슴과
아이의 검은 눈망울

짙은 안개를 머금고
소리 없는 눈물 보이는 길고 긴 강과
길게 누워 오수를 즐기는 산과 들

산속으로 숨어드는 좁은 길과

이름을 다 기억하지 못하는 작은 꽃들

피아노 건반 위를 달리는 소나기와
그 뒤를 좇는 낮은 구름

속을 들여다 볼 수 없이 깊은 바다와
그보다 더 깊고 깊은 하늘

지나쳐가는 시간을 붙들고 서서
그 아름다운 것들에 목이 메인 나

봄비

꽃들을 피워내느라
진액을 다 퍼내고
잠이든 그들을 깨울까
소리 없이 내리는 봄비

오늘은 허리 굽혀
씨앗을 심던 농부들도
좁은 골목에서
망치소리를 내던 노동자들도
할 일 없어
낮잠을 잘 수 있겠네

한바탕 화려한 춤을 추다
지쳐 눈물 떨구는
벚나무 가지들을
밤을 새며 위로한
따듯한 봄비 같다면야

내일은,
한결 깨끗한 마음으로
하늘을 볼 수 있는
그런 사람 같다면야

장마

할 일이 없다며 눈을 감고
새김질만 하는 누런 소 등 뒤로
바람도 없는 늦은 오후는
지친 듯이 늦은 걸음이다

갈매기 무리들은
수평선을 볼 수 없었다며
종일 날 생각도 하지 않고
해당화는 벌써 졌지만 열매는
붉은 색을 내지 못하고 있다

하늘은 낮게 내려앉아
한 달 내내 맨 얼굴을
보이지 않고 있으니
하얀 소금을 먹고 사는
염전 창고는
검게 타들어가는 속내를
감추지 못하는데

아버지는 허리 굽은 황새처럼
누렇게 바랜 등만 보인 채
널따란 논을
두 손으로 휘저으며
길게 자란 풀들을 뽑아
멀어진 둑에 던지고 있다

무논

어젯밤
홀로 깨어 소리치던
비바람이 잠든 후
맑고 촉촉한
너의 얼굴을 보니
막아서서
내려다보기만 하던
앞산을
마음속에 곱게도
품고 있구나

폭풍우에 흔들리는
내 마음은
그 무엇도 담지 못하여
평온한 너의 모습이
부럽기만 하다

세월

민들레 씨앗을 날리고 있는
시작을 알 수 없는 바람은
오는 것이 아니라
가는 것이라고 말하고 있다

길은 산을 넘으며
이야기들을 써 내려가려 하고
아침안개로 막아서는 강물은
소리 없이 흘러가기만 한다

바다를 건너지 못하고
일몰을 품었던 붉은 구름은
흔적 없이 사라지고
은하수의 넓은 품은
그 깊은 속을 알 수 없다

해설

섭리와 시간에 대한 기독교적 상상력

— 최천호 시집 『저 빗줄기처럼』(심지, 2018) 을 중심으로

김윤환(시인 · 문학박사 / 사랑의은강교회 담임목사)

문학과 종교는 언어를 통해 근원적인 세계를 탐구하고 인간의 궁극적인 구원을 추구한다는 점에서 유사성을 지닐 뿐 아니라 공유의 영역 또한 넓다고 할 수 있다. 또한 문학과 종교가 공히 인간을 중심 대상으로 하고 있으며 문자 언어의 상징적 수단을 통하여 그 존재성을 표출한다는 점에서 확인할 수 있다. 그리고 문학과 종교는 공히 현재의 삶에 대한 비판 정신을 보이고 있다. 즉 문학이나 종교는 당대의 시대정신이며 동시에 그것의 초월 정신의 발현이라고 볼 때 양자의 관계는 때로는 상호적이고 유기적인 관계에 놓인다고 할 수 있다. 또한 문학과 종교는 체험적이다. 물론 문학은 상상력의 산물이지만 그 상상력의 근간은 경험을 토대로 이루어지며, 그럴 때에만 구체성과 설득력을 보인다는 점에서 일정하게 종교적 속성을 차용한다고 볼 수 있다.

최천호 시인은 목회자이지만 문예지 《푸른솔》에서 수필로, 문예지 《문학광장》에서 시로 등단한 문인이다. 문학과 종교의 상호성을 적극적으로 수용하는 그의 시의 특징은 자연과 사회, 개인과 가족, 신앙과 삶의 양태와 현상에 대한 진단과 비판에 그치지 않고 종교적 희망을 '계절'의 모습과 함께 형상화하고 있다.

시집 『저 빗줄기처럼』에 흐르는 전반적인 이미지는 하나님과 인간이 '자연과 계절'이라는 섭리를 통해 구원의식의 일관된 방향을 보여주고 있다.

시인의 시적 상상력은 자연과 자신의 대면을 종교적 상상력으로 승화시키는데 있다. 이러한 시적 방향은 삶의 상황과 문학적 배경이 기독교적 상상력과 고백의 시학으로 비롯되었음을 알 수 있다.

작품을 통해 섭리와 시간을 통한 그의 신앙적 상상력을 살펴보자.

지나간 세월을
하나 둘 세어봅니다
매서운 겨울에는
고요한 흰 눈이 따뜻하게 품어
봄으로 일어서게 하였습니다

젊은 날
하늘을 찌르는 자신감이
치열한 경쟁에 내몰았을 때
가지를 찢겨 내던 폭풍우는
겸손을 남기고 떠났습니다

가을은 낮은 소리로 노래를 부르며
산에서부터 내려오고
시간은 멈춰 서서 볕을 쪼이다
나뭇잎을 통과하며 선명한 빛을 내고
서둘러 길을 갑니다

쓸쓸함이 배어나는
어깨를 가진 남자는 다가서는 가을을
오랫동안 사랑할 것 같습니다
붉게 지는 해를 바라보며

눈물을 흘리고 서 있겠습니다

—「가을에 부르는 노래」 전문

이 시는 계절의 섭리를 인생의 사계로 비유하여 하늘의 뜻과 인간의 삶을 함께 반추케 하는 노래다. 가을 황혼 앞에 자신의 생애를 들여다보며 삶의 섭리를 조금은 깨달아 가는 신앙인의 자화상이 그려진 시편이다.

시인에게서 사계절의 풍경은 단순히 미적 대상이거나 관조적 풍경이 아니라 하늘의 삶을 지향하는 인간의 제한된 모습을 확인하는 신앙적 자세이자 고백으로 드러나고 있다.

자연의 사계는 문학에 무한한 의미를 주는 제재가 되어 왔지만 시인이 노래한 사계절은 모든 생명의 모태이거나 돌아가야 할 본향(本鄕)이다. 즉 하나님의 창조사역 안에서 자신의 창작행위의 출발점이자 원동력임을 작품에서 고백하고 있다.

시인은 이번 시집에서 계절과 삶의 순환적 관계 속에서 자신을 포함한 인간의 한계와 그것을 치료해주길 원하는 창조주의 구원 메시지를 저변에 깔고 있다.

작품 「천불동 계곡」에서는 성서 속에 고난과 용서의 인물인 '욥' 으로 투영된 오늘의 인생들에게 자신의 엉킨 삶을 구원자를 통해 풀어가기를 노래하고 있다.

얼마나 더 절망해야
너처럼 몸을 낮출 수 있고
얼마나 마음을 닦아야
부드럽게 흘러갈 수 있느냐
막아서는 것을 품에 안고
아무 일 없다는 듯
부드럽게 다가서는 너는
초저녁부터,
더디 오는 새벽까지
무릎으로 엎디어
가슴을 다 파헤치고
투명한 속살을 드러내어
울음으로 아침을 맞는
사랑하고 싶은 얼굴이다

—「천불동 계곡」 전문

시 「천불동 계곡」은 자연 계곡의 형상화를 통해 '얼마나 마음을 닦아야' 우리의 인생이 물처럼 흐를 것인가 라는 자기성찰을 통해 '무릎으로 엎디어' '울음으로 아침' 을 맞는 신앙적 깨달음을 보여주고 있다.

사실 모든 인생이 갈등과 대립, 소외와 불안의 연속선상에 놓여있다. 이러한 욕망과 패배의 두려움에 쌓인 삶의 여정에 생명의 중심이자 궁극적인 빛이신 하나님과 동행하면 영원한 패배자는 없다고 삶의 불안에 노출된 인생들에게 희망의 언어로 전달하고 있는 것이다.

시집의 표제시 「저 빗줄기처럼」은 인간이 절망 가운데에서도 두려움을 극복하려는 신앙적 강력한 기대를 '눈물—빗줄기' 이라는 상징으로 회복을 노래하고 있다.

세상을 씻어내는
두 손바닥으로
지친 영혼을 위하여
흐르는 눈물이 되고
낮은 곳에 스며들어
새 생명으로 태어났으면 좋겠다

슬퍼하는 이와 함께
울어 보기도 하고
마음속에 빗장을 걸어놓고
살아가는 이의 가슴을 두들겨
울려 보기도 하고
눈물을 잃은 이의 손을 꼭 잡고

천천히 걷는 강물이 되어
노래를 불러 주었으면 좋겠다

어두움을 헤치고
불빛이 새어 나오는
창밖에 서서
저기 쏟아지는 빗줄기처럼
누군가를 대신하여
울어 줄 수 있다면 좋겠다

—「저 빗줄기처럼」 전문

인간은 누구나 두려움이라는 속성을 지니고 있다. 그래서 성경 구약 사무엘서 전반부는 다윗과 사울이라는 두 인물을 통해 두려움에 대한 인간의 자세를 기록하고 있다. 사울은 지혜로운 인물 다윗을 두려워한 나머지 자신의 제한된 권력으로 다윗을 제거하려는 야만적 자세를 가진 반면 다윗은 자신의 두려움을 신 앞에 통곡하는 노래로 극복하는 모습을 보이고 있다. 또한 성경 시편 126편 5~6절 "눈물을 흘리며 씨를 뿌리는 자는 기쁨으로 거두리로다. 울며 씨를 뿌리러 나가는 자는 반드시 기쁨으로 그 곡식 단을 가지고 돌아 오리로다"는 희망의 고백처럼 시인은 성서적 메시지를 담아 인생들을 진단하고 인간을 향한 하나님의 긍휼과 사랑을 신

뢰하는 신앙의 의지를 담고 있다.

시인의 체험 속에서 발현되는 사랑의 풍경이 담긴 다음 작품을 살펴보자

녹슨 함석지붕을 휘감고 돌다
울음을 터트린 바람이
방안에 들어와 몸을 녹이고
심지를 돋운 등잔불은
끄름을 뿜아 올리며 밤을 밝히는데
머리를 깎은 막내는 흰 이마를 내놓고
숨소리도 깊이 잠들었다

온종일 부엌에서
불을 지피시던 어머니는
자신의 속내와 같이
근심 가득한 장롱 속을 정리하고
아버지도 모로 누워 몸을 뒤척이는데
된바람만 회초리를 휘두르듯
휙휙 거리며 방문을 두드리고
기다리는 사람의 발걸음 소리가 들리지 않는
섣달 그믐밤은 더디게 걷고 있다

—「섣달 그믐밤의 풍경」 전문

사랑의 이면에는 언제나 아픔과 가난이 그늘져 있다. 시인은 유년시절의 추억을 통해 부모의 원초적 사랑을 회상하지만 이 시 역시 '섣달그믐' 이라는 시간의 경계에서 정월 초하루를 앞둔 애틋한 기다림이 녹아 있다. 엄동(嚴冬)의 가정에 사랑의 불을 지피는 어머니의 모습에서 모성적 하나님의 사랑이, 모로 누운 아버지의 모습 속에서 고난을 연단케 하는 하늘 아버지의 깊이를 가늠할 수 없는 '사랑의 묵음(默音)' 또한 발견케 한다,

최천호 시의 시적 상상력의 특징은 자연과 시간 속에 체험되는 다양한 삶의 문제에 대한 신앙적 처방을 제시하는데 있다. 우리 인간은 스스로 인간의 제한성을 인정하고 생명의 근원인 하나님께로 향하는 회귀(回歸)의 자세를 요청하고 있으며, 예수 그리스도가 제시한 하나님의 진리 가운데 '사랑' 이라는 삶의 양식을 따라 살아가야 하는 필연적 존재가 바로 사람임을 시인은 담담한 시어로 풀어내고 있는 것이다.

시인으로서뿐 아니라 신앙적 삶의 제시자인 목회자로서 자신의 제한된 모습을 겸허히 고백하고, 우리가 부지불식(不知不息)하는 동안에도 여전히 구원 사역을 펼치시는 하

나님의 원초적 사랑을 기대하고, 그것을 기독교적 상상력으로 작품과 신앙이 한 축을 이루고 있는 것을 발견할 수 있다. 목회자로서 그의 진솔한 고백을 다시 들어보자.

산모퉁이를 돌아
숲으로 숨어드는 이 길을
누가 처음 걸어갔을까

여기 머무는 깊은 외로움은
누구에게 배운 것이어서
저 끝까지 홀로 걷기만 하네

탐욕스런 여름이 기운을 다했으니
화려하지 않은 이 길가에도
조용히 열매들이 맺히겠지

태양은 뜨겁고 갈 길은 먼데
무더위를 이겨내고 곧게 서 있는
사랑스런 꽃들이 나를 반기네

—「목회자의 길」 전문

시인은 이번 시집에서 생활도 신앙도 분주하게 살아가는

우리들의 모습을 좀 더 거리를 두고 관찰하되, 시간과 섭리 가운데 행하시는 창조주 하나님과 구원자 예수에 대한 겸손한 믿음을 고백함으로써 독자에게도 같은 고백을 이끌어내고 있는 것이다.

혹자들은 기독교적 문학이 지나치게 제한적이고 관념적이라고 폄하하지만 문학적 소양을 뛰어넘는 영성이 담긴 상상력과 진심어린 구원의 고백으로써 시적 표현이 담겨있다면 그 작품은 세속적 평가를 넘어 신앙인에게 가장 위대한 문학이 될 것임을 시인의 작품을 통해 발견할 수 있다.

이제 시인은 이러한 기독교적 구원의식을 통한 작품이 더욱 깊어지고 넓어짐으로 많은 이에게 영성의 깊이와 삶의 빛을 더하여 주길 기대해본다.